DÉCRET

DU 27 NOVEMBRE 1887

PORTANT CRÉATION

D'UNE

MASSE DES ÉCOLES

PRÉCÉDÉ DU

RAPPORT AU PRÉSIDENT DE LA RÉPUBLIQUE

ET SUIVI DE

L'INSTRUCTION POUR L'APPLICATION DUDIT DÉCRET

Édition mise à jour des textes en vigueur

au 15 octobre 1897

PARIS

LIBRAIRIE MILITAIRE DE L. BAUDOIN

IMPRIMEUR-ÉDITEUR

30, Rue et Passage Dauphine, 30

1897

DÉCRET

DU 27 NOVEMBRE 1887

PORTANT CRÉATION

D'UNE

MASSE DES ÉCOLES

PRÉCÉDÉ DU

RAPPORT AU PRÉSIDENT DE LA RÉPUBLIQUE

ET SUIVI DE

L'INSTRUCTION POUR L'APPLICATION DUDIT DÉCRET

Édition mise à jour des textes en vigueur
au 1er octobre 1897

PARIS

LIBRAIRIE MILITAIRE DE L. BAUDOIN

IMPRIMEUR-ÉDITEUR

30, Rue et Passage Dauphine, 30

1897

CRÉATION, BUT ET FONCTIONNEMENT

DE LA

MASSE DES ÉCOLES

Rapport au Président de la République française, sur la création d'une masse des écoles.

Paris, le 27 novembre 1887

Monsieur le Président,

Le système actuel de fonctionnement du service des écoles régimentaires présente, tant au point de vue économique qu'au point de vue administratif, certains inconvénients qui ont été signalés à diverses reprises par MM. les contrôleurs de l'administration de l'armée.

D'après le système en vigueur, en effet, les crédits budgétaires afférents à ce service sont, chaque année, répartis entre les corps de troupe d'après leurs demandes et sans contrôle suffisant.

Les corps ne devant pas bénéficier des excédents de crédits que leurs allocations peuvent présenter en fin d'exercice, sont généralement portés à dépenser à peu près intégralement la somme qui leur a été allouée et, dans ce but, à faire des achats de fournitures d'écoles hors de proportion avec les besoins réels.

D'autre part, au point de vue de l'administration et de la comptabilité, la réglementation en usage manque de coordination et donne lieu à des complications d'écritures.

Les errements suivis ont, en effet, pour conséquence de faire supporter par plusieurs chapitres du budget et de faire acquitter par des procédés de comptabilité différents, des dépenses de même nature ou relatives au même objet ; et les écritures qui en résultent sont des plus nombreuses et des plus compliquées.

Pour remédier à ces inconvénients, préjudiciables aux intérêts du Trésor et à la clarté des comptes, j'ai fait étudier par une commission, composée des représentants des divers services intéressés (1), le projet de création et de fonctionnement d'une masse des écoles régimentaires, destinée à pourvoir à toutes les dépenses de ce service au moyen d'un abonnement fixe alloué à chaque corps de troupe.

Le mode de fonctionnement de cette nouvelle masse, semblable à celui des masses générales d'entretien et de harnachement et ferrage actuellement en vigueur et à celui de la masse d'entretien et d'habillement qui doit être généralisé à partir du 1er janvier prochain, apportera une grande simplification dans les écritures, ainsi que dans le calcul des évaluations budgétaires.

Enfin, la nouvelle réglementation proposée, intéressant directement les corps aux économies à réaliser sur les fonds qui leur sont alloués annuellement, ne peut avoir que des résultats heureux pour les intérêts du Trésor.

J'ai l'honneur de vous prier, en conséquence, de vouloir bien revêtir de votre signature le projet de décret ci-joint.

Veuillez agréer, Monsieur le Président, l'hommage de mon respectueux dévouement.

Le Ministre de la guerre

Signé : Gal FERRON.

---

(1) Cette commission est ainsi composée :

Président.

M. Vuillaume, contrôleur général de 1re classe de l'administration de l'armée.

Membres.

MM. Caillé, contrôleur de 1re classe de l'administration de l'armée.
Boute, chef de bataillon, sous-chef de la section technique de l'infanterie.
Derougemont, chef de bataillon du génie, attaché au 2e bureau de la 4e direction.
Servière, capitaine d'artillerie, attaché à la 3e direction.
de Beaucourt, sous-chef de bureau de l'habillement et du campement.
Guyard, commis rédacteur de 1re classe au bureau de la cavalerie.

Décret portant création d'une **masse** *des écoles dans les corps de troupe qui ont des écoles régimentaires.*

Paris, le 27 novembre 1887.

LE PRÉSIDENT DE LA RÉPUBLIQUE FRANÇAISE,

Vu l'ordonnance du 10 mai 1844, sur l'administration et la comptabilité des corps de troupe, modifiée par les décrets du 7 août 1875 et du 1er mars 1880;

Vu le décret du 30 juin 1856, sur le service du casernement;

Vu le décret du 8 juin 1883, sur le service de la solde, modifié par le décret du 10 novembre 1887;

Considérant qu'il importe d'intéresser directement les corps de troupe à la bonne gestion des fonds alloués pour le service des écoles régimentaires, et de simplifier les procédés d'administration et de comptabilité actuellement en usage pour ce service;

Sur le rapport du Ministre de la guerre,

DÉCRÈTE :

Art. 1er. A partir du 1er janvier 1888, il sera créé, dans tous les corps ayant des écoles régimentaires, sous le titre de masse des écoles, un fonds spécial chargé d'acquitter les dépenses spécifiées aux articles 2, 3, 4, 5, 6 ci-après.

Art. 2. La masse des écoles supporte :

Dans les corps de troupe d'infanterie, savoir :

a) Les dépenses d'école comprenant l'achat et l'entretien de la partie du matériel d'enseignement actuellement à la charge du service des écoles, l'achat des fournitures nécessaires aux élèves, l'entretien de la presse autographique, les frais d'instruction des volontaires d'un an dans les corps qui en reçoivent; enfin, les dépenses de la salle de lecture.

b) Les dépenses de gymnase, comprenant les primes et gratifications au personnel enseignant, l'achat et l'entretien du matériel mobile; enfin, l'entretien du matériel fixe.

c) Les dépenses des écoles de tir, comprenant toutes les dépenses faites actuellement pour ces écoles, à l'exception de la fourniture des cibles métalliques et de celle des médailles prix de tir, assurées directement par les soins du Ministre.

d) Les dépenses de l'école des tambours, clairons et trompettes.

e) Les dépenses pour l'enseignement de l'escrime, comprenant les primes et gratifications au personnel enseignant, ainsi que l'achat et l'entretien du matériel d'escrime.

f) Les frais d'achat et d'entretien du matériel de boxe, canne et bâton.

g) Les dépenses pour l'enseignement des travaux de campagne et le service des signaleurs.

Art. 3. Dans les régiments de cavalerie, la masse des écoles supporte les dépenses énumérées ci-dessus à l'article 2 sous les rubriques *a, c, d, e.*

A ces dépenses s'ajoutent en plus, pour ces régiments, l'entretien du matériel d'instruction équestre et des pistes cavalières, ainsi que les dépenses des exercices de destruction par la dynamite.

Art. 4. Dans les troupes de l'artillerie et du train des équipages, les dépenses de la masse des écoles sont les mêmes que dans les corps d'infanterie, à l'exception de celles énumérées sous les rubriques *c, g.*

Cette masse supporte en outre, dans les régiments d'artillerie de campagne, l'entretien des carrières sablées.

Art. 5. Dans les régiments du génie, la masse supporte les dépenses énumérées à l'article 2, sous les rubriques *b, c, d, e, f,* auxquelles s'ajoute l'entretien de la presse autographique.

Art. 6. Dans la garde républicaine, les charges de la masse des écoles consistent dans les dépenses énumérées à l'article 2, sous les rubriques *a, d, e.*

Art. 7. Sont maintenues en dehors de la masse des écoles et continueront à être régies par les dispositions actuellement en vigueur, savoir :

La fourniture des cibles métalliques et celle des médailles prix de tir.

Les dépenses des exercices de natation et des bains froids.

Enfin, les dépenses d'achat de théories, placards, etc.

Art. 8. A partir de la création de la masse des écoles, les corps resteront libres d'engager, sans autorisation préalable du Ministre, et sous leur responsabilité, les dépenses ressortissant à cette masse.

Art. 9. Les économies réalisées par les corps sur la nouvelle masse leur demeureront acquises, et, sous aucun prétexte, il ne pourra être prescrit, au sujet de cette masse, de nivellement de corps à corps.

Art. 10. Les recettes et les dépenses de la masse des écoles sont récapitulées dans un compte général annuel du modèle déterminé par une instruction ministérielle.

Art. 11. La masse des écoles sera perçue par douzième et à terme échu. La somme à percevoir sera comprise dans un article particulier sur l'état de solde des officiers.

Art. 12. Le taux de cette masse est fixé pour les différents corps aux chiffres suivants (2) :

Par régiment d'infanterie subdivisionnaire 2,628
  —   —   régional 2,736

---

(1) Sont également en dehors de la masse des écoles dans la cavalerie :
Les dépenses concernant les exercices de pontage ;
Les dépenses concernant l'organisation des pistes cavalières ;
Les dépenses concernant l'achat et l'installation du matériel de quartier et du matériel de terrain de manœuvres.

(2) Modifié par la décision présidentielle du 22 décembre 1895.

Par régiment de zouaves 2,844
— de tirailleurs algériens 2,784
— étranger 2,940
Par bataillon de chasseurs à pied, à 6 compagnies 1,440
— — à 4 — 1,380
— d'infanterie légère d'Afrique 888
Par régiment de cavalerie 1,428
— de spahis 612
— d'artillerie de campagne.......... 1,392
Par bataillon d'artillerie à pied............... 624
Par escadron du train des équipages 540
Par régiment du génie, à 4 bataillons 2,052
— — à 3 — 1,932
Pour la garde républicaine................... 3,564

Ces allocations sont augmentées, dans les régiments d'artillerie de campagne, de 12 francs pour chaque batterie détachée en Algérie ou en Tunisie, et, dans les escadrons du train, de 168 francs par compagnie mixte, détachée en Algérie ou en Tunisie.

Art. 13. Les détails de fonctionnement de la masse des écoles seront réglés, avant le 1er janvier 1888, par une instruction ministérielle.

Art. 14. Sont abrogées toutes les dispositions contraires à celles du présent décret.

Art. 15. Le Ministre de la guerre est chargé de l'exécution du présent décret.

Fait à Paris, le 27 novembre 1887.

Signé : JULES GRÉVY.

Par le Président de la République :

Le Ministre de la guerre,

Signé : Gal FERRON.

Le Ministre de la guerre, à MM. les Gouverneurs militaires de Paris et de Lyon; les Généraux commandant les corps d'armée et la brigade d'occupation de Tunisie; les Généraux commandant les divisions et les brigades actives; les Intendants généraux, les Intendants et Sous-Intendants militaires; les Chefs de corps de toutes armes.

Paris, le 22 décembre 1887.

Instruction pour l'application du décret du 27 novembre 1887, portant création d'une masse des écoles dans les corps de troupe.

Messieurs, je vous adresse ci-joint ampliation du décret rendu le 27 novembre 1887, sur ma proposition, par le Président de la République, instituant une masse des écoles régimentaires.

Le rapport qui précède ce décret expose les simplifications dans la comptabilité et les avantages dans le service qui devront résulter de la nouvelle réglementation.

Je crois utile, pour en faciliter la mise à exécution, de compléter le texte du décret par l'instruction suivante :

DISPOSITIONS GÉNÉRALES.

Le tableau ci-joint résume les diverses allocations faites dans chaque corps à la masse des écoles.

Les chiffres partiels qui y figurent ne constituent que de simples indications données aux corps de troupe, qui pourront, sous leur responsabilité, les dépasser au besoin ou bien rester en dessous, sauf à limiter le chiffre total de la dépense à celui de la dotation accordée à la masse des écoles.

Les dépenses afférentes aux six rubriques que comprend le tableau devront, toutefois, faire l'objet de justifications distinctes au compte annuel de la masse des écoles.

Le matériel, à l'exception de celui qui doit continuer à être fourni gratuitement, sera renouvelé par les corps au fur et à mesure de leurs besoins et sans qu'il soit nécessaire, comme par le passé, d'en faire reconnaître, au préalable, la nécessité par l'inspecteur général.

EXCLUSION DES DÉPENSES D'ÉCLAIRAGE.

Toutes les dépenses d'éclairage intérieur des corps de troupe devront être imputées à la masse de chauffage; il ne sera fait aucune dépense de cette espèce sur la masse des écoles, pas plus pour l'achat ou l'entretien du matériel d'éclairage que pour l'achat du combustible et des mèches, à l'exception toutefois des dépenses d'éclairage relatives au service des signaleurs (5° ci-après).

1° Dépenses des écoles régimentaires.

Entretien et renouvellement du matériel d'enseignement. — A l'exception des objets à la charge du service du génie, tout le matériel d'enseignement est entretenu et renouvelé aux frais de la masse des écoles.

Les plans reliefs de terrain ne se trouvant pas dans le commerce continueront à être fournis par le service géographique.

Les demandes en seront faites par les corps, selon leurs besoins, au directeur de l'établissement de ce service, à Paris. Elles seront appuyées d'un récépissé de versement au Trésor de la valeur des plans reliefs demandés, au prix fixé par le Ministre, afin de pouvoir réaffecter au crédit du service géographique, qui aura fait l'avance de la dépense, la somme ainsi versée.

Enseignement primaire. — L'application de la loi sur l'instruction publique ayant considérablement diminué le chiffre des illettrés incorporés annuellement, et la courte durée du service ne permettant plus d'entreprendre, avec profit pour l'armée, l'instruction de ceux, de moins en moins nombreux, qu'elle continue à recevoir, l'enseignement primaire ne sera plus donné désormais, dans les corps de troupe, qu'aux candidats des pelotons d'instruction auxquels il sera reconnu nécessaire, ainsi qu'aux autres militaires qui en feraient la demande.

L'achat des fournitures devra être réglé en conséquence.

2° Dépenses des gymnases.

Dépenses du personnel. — Ces dépenses comprennent : la prime mensuelle de 4 francs, accordée au moniteur général de gymnastique ; les gratifications accordées, à l'époque de l'inspection générale, au personnel enseignant de la gymnastique, lesquels s'élèvent à 60 francs par régiment d'infanterie, du génie, d'artillerie de campagne ou de pontonniers, et à 30 francs par bataillon de chasseurs, bataillon d'artillerie de forteresse ou escadron du train des équipages militaires.

Dépenses du matériel. — Ces dépenses comprennent l'achat et l'entretien du matériel mobile, ainsi que l'entretien du matériel fixe.

A partir du 1er janvier 1889, les corps de troupe effectueront directement les achats du matériel dont il s'agit.

Les effets de gymnase sont à la charge de la masse générale d'habillement et d'entretien.

Répartition des dépenses communes à plusieurs corps. — Lorsque plusieurs corps se serviront d'un même gymnase, un seul d'entre eux, désigné à cet effet par le commandant d'armes, sera chargé de l'entretien du matériel fixe et de l'achat et de l'entretien du matériel mobile. Les dépenses faites seront supportées par les

1.

différents corps de troupe, au prorata de leur effectif moyen annuel.

3° Dépenses des écoles de tir.

Les dépenses relatives au tir sont à la charge de la masse des écoles.

Médailles prix de tir. — Les médailles prix de tir seront également fournies gratuitement.

Matériel de tir fourni par l'artillerie. — La portion du matériel de tir fourni par le service de l'artillerie continuera à l'être dans les mêmes conditions qu'aujourd'hui. Toutes les autres dépenses des écoles régimentaires de tir sont à la charge de la masse des écoles.

Répartition des dépenses communes à plusieurs corps. — Lorsque plusieurs corps auront à faire usage du même matériel de tir, ce matériel sera pris en compte par un seul d'entre eux, désigné par le commandant d'armes ; tous les corps intéressés contribueront aux dépenses d'entretien proportionnellement au nombre de balles tirées.

Les sections d'état-major et du recrutement, les sections d'ouvriers d'administration, les sections d'infirmiers militaires, les compagnies de cavaliers de remonte, n'ayant pas de masse des écoles, ne seront tenues à aucun remboursement. Toutefois, lorsque le nombre annuel de tireurs de cette catégorie ayant effectué leur tir à l'aide du matériel d'un corps de troupe sera supérieur à 20, ce dernier percevra, en sus de la masse, une allocation calculée comme il vient d'être dit.

Épinglettes prix de tir. — En vue de l'uniformité de la tenue, la fourniture des épinglettes prix de tir sera faite par voie de marché général à charge de remboursement par les corps de la valeur des épinglettes qui leur seront livrées. Ces prix de remboursement seront insérés au *Bulletin officiel du ministère de la guerre.*

4° Dépenses des écoles de tambours, clairons et trompettes.

Sans observations.

5° Dépenses d'enseignement des travaux de campagne et d'entretien du matériel d'instruction équestre.

Ces dépenses comprennent, savoir :

Dans les corps d'infanterie, l'enseignement des travaux de campagne et les dépenses du service des signaleurs ;

Dans les régiments de cavalerie, l'entretien du matériel d'instruction équestre, celui des pistes cavalières ; enfin, les dépenses des exercices de destruction par la dynamite ;

Dans les régiments d'artillerie de campagne, l'entretien d'une carrière sablée, ainsi que l'achat et l'entretien du matériel de manège et de voltige nécessaire pour l'instruction équestre.

6° Dépenses d'enseignement de l'escrime et de la boxe.

Indemnités mensuelles. — A partir du 1er janvier 1888, le taux maximum des indemnités mensuelles est ainsi fixé :

> 20 francs pour le premier maître,
> 7 fr. 50 pour le caporal ou brigadier maître adjoint.

Dans les corps de troupe de cavalerie, le brigadier deuxième maître adjoint ne recevra plus aucune prime mensuelle.

Les primes mensuelles sont également supprimées pour les prévôts.

Hautes payes. — A partir de la même date, les hautes payes à allouer aux maîtres d'escrime sont fixées à 15 francs pour la 1re classe et à 6 francs pour la 2e classe.

Elles ne peuvent être accordées : la haute paye de 1re classe qu'au 1/8 de l'effectif ; celle de 2e classe qu'aux 3/8 de l'effectif.

Tous les maîtres d'escrime et maîtres adjoints et les prévôts, rengagés ou commissionnés avant le 1er janvier 1888, conserveront, jusqu'au jour de leur admission à la retraite, les hautes payes ou primes dont ils jouissaient antérieurement.

Toutefois, les prévôts nommés maîtres d'escrime ou les maîtres d'escrime passant à la 1re classe n'auront plus droit qu'aux indemnités et hautes payes dans les conditions suivantes :

Indemnités. — Si les indemnités mensuelles du tarif nouveau, afférentes à leur nouvelle position, sont supérieures à celles qu'ils touchaient antérieurement au 1er janvier 1888, elles leur seront allouées.

Si, au contraire, les indemnités mensuelles du tarif nouveau sont inférieures à celles qu'ils touchaient antérieurement, ils continueront à percevoir ces dernières.

Hautes payes. — Les mêmes règles seront appliquées pour la fixation des hautes payes.

Les sommes nécessaires pour parfaire à leur ancien taux les primes et les hautes payes revenant aux maîtres d'escrime rengagés ou commissionnés, ainsi que les nouvelles hautes payes, seront perçues mensuellement, à terme échu, en sus du douzième de la masse des écoles.

Ces perceptions seront justifiées par un état du modèle ci-joint (n° 1), indiquant les mutations du personnel en jouissance d'allocations de cette nature et portant décompte des sommes dues.

Les gratifications annuelles au personnel enseignant de l'escrime ne devront jamais dépasser la somme allouée, par corps, dans le tableau joint à la présente instruction.

Dépenses du matériel. Contre-pointe. — L'enseignement de la contre-pointe est supprimé dans les corps d'infanterie et du génie, ainsi que dans les bataillons d'artillerie de forteresse.

Le matériel que cette suppression rend disponible sera versé dans les régiments de cavalerie et d'artillerie ou dans les escadrons du train des équipages, dans lesquels cet enseignement continuera à être donné.

A l'exception des cannes et des bâtons, les objets d'escrime et de boxe continueront à être fournis par le magasin central d'habillement de Paris.

Les prix de ces objets seront insérés au *Bulletin officiel du ministère de la guerre.*

Les corps de troupe feront connaître leurs besoins du matériel d'escrime et de boxe le 1er octobre pour le 1er semestre de l'année suivante, et le 1er avril pour le 2e semestre. Leurs demandes seront adressées au sous-intendant militaire chargé de leur surveillance administrative ; ce fonctionnaire les transmettra à son collègue chargé de la surveillance du magasin général de Paris, qui y fera donner satisfaction.

Les objets fournis seront remboursés par les corps sur le vu de la facture d'expédition, au moyen d'un versement au Trésor, dont ils adresseront les récépissés à l'intendant directeur du service de l'intendance du gouvernement de Paris.

7° Exercices de natation et bains froids.

Les dépenses correspondantes à cette rubrique ne sont pas comprises dans la dotation de la masse des écoles ; elles continueront à être assurées conformément aux règles actuellement en vigueur.

La fourniture des sangles et des caleçons de bains, autrefois à la charge du service de l'habillement, sera mise désormais au compte de la masse d'habillement et d'entretien.

8° Théories, règlements, placards, etc.

Les théories, règlements et placards nécessaires à l'armée continueront à être commandés, soit à l'Imprimerie nationale, soit aux autres titulaires de marchés d'impression, par les soins des directions ministérielles.

Après sa réception par les directions intéressées, ce matériel sera remis au magasin d'habillement de Paris et pris en charge par le comptable de ce magasin.

Les théories, règlements et placards seront fournis gratuitement aux corps de troupe.

La valeur totale des objets de cette nature, accordés annuellement à chaque corps, sera fixée par le Ministre et insérée au *Bulletin officiel du ministère de la guerre,* ainsi que les prix desdits objets.

Le 1ᵉʳ septembre de chaque année, les corps établiront, en se renfermant dans la somme ainsi fixée, un état décompté, du modèle nᵒ 2 annexé à la présente instruction, indiquant le nombre de théories, règlements et placards qu'ils désirent recevoir.

Cet état sera adressé directement à l'intendant directeur du service de l'intendance dans le gouvernement de Paris, qui donnera au comptable chargé de la garde de ce matériel les ordres d'expédition nécessaires.

Lorsqu'un corps ayant réalisé des économies sur sa masse des écoles voudra se procurer un supplément de théories, il adressera une demande spéciale, à charge de remboursement, du même modèle que la précédente, à M. l'intendant général directeur du service de l'intendance du gouvernement militaire de Paris, qui y fera donner satisfaction.

Le versement au Trésor des objets fournis ne sera effectué qu'après leur réception et sur le vu de la facture d'expédition. Le sous-intendant militaire chargé de la surveillance administrative du corps débiteur poursuivra le remboursement du matériel expédié. Il adressera au Ministre le récépissé du versement au Trésor pour permettre à la direction intéressée de faire réaffecter à son crédit la valeur des théories cédées dans ces conditions.

Il n'y aura plus lieu désormais de procéder à la mise hors de service des théories, règlements et placards par voie de réforme prononcée par l'inspecteur général.

9° Compte annuel de la masse des écoles.

Les recettes et les dépenses de la masse des écoles sont récapitulées dans un compte annuel, du modèle annexé à la présente instruction.

Les pièces de dépenses correspondant à des rubriques distinctes (d'après la classification faite au tableau des allocations) sont réunies dans des bordereaux distincts et totalisées séparément pour chacune des catégories indiquées dans ces rubriques au compte annuel.

10° Inscriptions à porter sur les bordereaux nᵒ 177.

Les bordereaux (nᵒ 177 de la nomenclature) des mandats délivrés mensuellement, établis par les fonctionnaires de l'intendance, indiqueront, par corps, dans la colonne d'observations, la somme comprise sur l'état de solde se rapportant à la dépense au compte du budget des écoles régimentaires (masse et autres indemnités).

Toutes les dispositions contraires à la présente instruction sont et demeurent abrogées.

Signé : Gᵃˡ LOGEROT.

TABLEAU *faisant ressortir par corps le taux de la masse des* Écoles. (Conforme à la Note ministérielle du 24 décembre 1895.)

DISTINCTION DES DÉPENSES.	RÉGIMENTS D'INFANTERIE de ligne		Régiments de zouaves	Régiments de tirailleurs	Régiments étrangers	BATAILLONS de CHASSEURS		Bataillons d'infanterie légère d'Afrique	Régiments de cavalerie	Régiments de spahis	Régiments d'artillerie de campagne	Bataillons d'artillerie à pied	Escadrons du train	RÉGIMENTS du GÉNIE		Garde républicaine
	Subdivisionnaires	Régionaux				à 6 compagnies	à 4 compagnies							à 4 bataillons	à 3 bataillons	
1° Dépenses des écoles régimentaires (non compris celles d'éclairage). Entretien du matériel d'enseignement	100	100	100	100	100	35	35	35	55	55	100	45	20	»	»	»
Achat de fournitures	185	185	185	185	185	120	120	120	155	155	200	75	40	»	»	»
Presse autographique	50	50	50	50	50	50	50	50	50	50	50	50	50	50	50	»
Frais d'instruction des dispensés	25	25	25	»	»	25	25	»	»	»	20	20	15	»	»	»
Dépenses des salles de lecture	100	100	100	100	100	35	35	35	50	50	75	35	20	»	»	»
	460	460	460	435	435	265	265	240	310	310	445	225	445	50	50	2,000
2° Dépenses des gymnases (non compris la fourniture des effets de gymnase). Personnel. Primes	48	48	48	48	48	48	48	»	»	»	48	48	»	48	48	»
Personnel. Gratifications	60	60	60	60	60	30	30	»	»	»	50	20	»	60	60	»
Matériel	112	112	112	112	112	112	112	»	»	»	113	94	»	112	112	»
	220	220	220	220	220	190	190	»	»	»	211	162	»	220	220	»
3° Dépenses des écoles de tir	975	975	975	975	975	450	450	450	425	425	»	»	»	700	700	»
4° Dépenses des écoles de tambours, clairons et trompettes	120	120	168	168	168	30	30	30	30	30	70	30	20	220	220	460
5° Dépenses d'enseignement des travaux de campagne et d'entretien du matériel d'instruction équestre	135	135	135	135	135	70	70	»	450	450	40	»	»	»	»	»
6° Dépenses d'enseignement de l'escrime (non compris celle de l'éclairage). Personnel. Hautes payes (a)	»	»	»	»	»	»	»	»	»	»	»	»	»	»	»	»
Personnel. Primes (b)	330	330	330	330	330	210	240	»	330	»	330	90	240	330	330	330
Personnel. Gratifications	89	102	107	102	120	48	43	18	423	»	90	30	40	402	80	340
Matériel d'escrime, boxe, canne, bâton	300	400	450	425	550	450	100	150	360	»	240	90	100	425	325	740
	749	832	887	857	1,000	438	383	108	813	»	630	210	380	857	744	1,440
	2,629	2,712	2,845	2,790	2,933	1,443	1,388	888	1,428	615	1,396	627	515	2,047	1,931	3,570
	2,628	2,736	2,844	2,784	2,940	1,440	1,380	888	1,428	612	1,302	624	540	2,052	1,932	3,564
											(1) (2)	(2)	(3)			

OBSERVATIONS.

NOTA. — Les chiffres partiels inscrits au présent tableau constituent pour les corps de simples indications; les chiffres totaux ont été arrondis de manière à les rendre multiples de 12.

a) En sus du douzième de leur masse des écoles, les corps perçoivent mensuellement la somme nécessaire pour payer au 1er maître la haute paye à laquelle il a droit. La haute paye de 1re classe est fixée à 15 francs, celle de 2e classe à 6 francs.

b) Ils perçoivent de même mensuellement de quoi parfaire à leurs taux annuels les primes payées aux maîtres et prévôts qui seraient rengagés ou commissionnés avant le 1er janvier 1888.

(1) Plus 12 francs par batterie détachée en Algérie pour gratification au prévôt d'armes.

(2) *Artillerie.* — Taux de l'allocation annuelle à faire, par la portion centrale, à chaque batterie ou compagnie détachée :
Artillerie de campagne. 12 } par
Artillerie de forteresse. 104 } unité.

Pour les régiments d'artillerie de campagne ayant plus ou moins de douze batteries, l'allocation annuelle de 1392 francs par régiment de douze batteries sera, suivant le cas, augmentée ou diminuée de 116 francs par batterie.

(3) Pour chaque compagnie mixte détachée en Algérie, cette allocation sera augmentée de 166 francs, savoir :
Au titre de l'école régimentaire............ 101 }
Dépenses { Gratifications.. 16 } 166
d'escrime { Matériel...... 49 }

ᵉ CORPS D'ARMEE.
PLACE d
EXERCICE 18 .
2ᵉ trimestre.

ᵉ **RÉGIMENT D**

ÉTAT DÉCOMPTÉ

1ᵒ De la haute paye allouée au maître d'escrime ;
2ᵒ Des compléments de primes et de haute paye alloués transitoirement au maître d'escrime, au maître adjoint, aux prévôts rengagés ou commissionnés avant le 1ᵉʳ janvier 1888.

MODÈLE Nᵒ 1.

Article 6 de l'instruction ministérielle du 22 décembre 1887.

DÉSIGNATION des ALLOCATIONS.	NOMS.	GRADES.	CLASSE de HAUTE PAYE.	MUTATION pendant LE TRIMESTRE.	NOMBRE de JOURNÉES donnant droit aux allocations.	TOTAUX de L'ALLOCATION journalière.	DÉCOMPTE	OBSERVATIONS.
Haute paye....... {								Les primes ou hautes payes sont dues dans les mêmes cas que la solde de présence.
			TOTAL de la haute paye....................					
Complément de haute paye ..... {								
			TOTAL du complément de haute paye					
Compléments de primes......... {								
			TOTAL des compléments de prime...........					
						TOTAL......		

VÉRIFIE : *Le Major,*

ARRÊTÉ le présent état à la somme de :

VU ET VÉRIFIÉ :
Le Sous-Intendant militaire,

Le   189 .
Le Capitaine trésorier,

Les Membres du Conseil d'administration.

^o CORPS D'ARMÉE.

PLACE d

^o RÉGIMENT D

MODÈLE Nº 2.

Article 8 de l'instruction ministérielle du 22 décembre 1887.

État décompté des théories, règlements et placards nécessaires aux remplacements pendant l'année 189 .

DÉSIGNATION DES THÉORIES, RÈGLEMENTS et placards (a).	NOMBRE.	PRIX de L'UNITÉ.	DÉ-COMPTE.	OBSERVATIONS.
				(a) Inscrire les théories, règlements et placards dans l'ordre où ils figurent à l'état indicatif de leur prix inséré au *Bulletin officiel*. (b) Ce total ne doit dans aucun cas dépasser la somme fixée annuellement par le Ministre pour la dépense de théories à faire par le corps.
TOTAL (b).....				

ARRÊTÉ le présent état à la somme de

Le   189 .

Les Membres du Conseil d'administration,

ᵉ CORPS D'ARMÉE.

—

EXERCICE 18 .

N° 108
DE LA NOMENCLATURE.

—

Art. 9 de l'instruction
ministérielle
du 22 décembre 1887.

—

BUREAU D'ARMES.

Désignation {
de l'arme. {

Désignation {
du corps. {

*ÉTAT des recettes et dépenses de la masse des écoles
pour l'exercice 18 .*

RECETTES.

		OBSERVATIONS.
L'excédent des recettes au 1ᵉʳ janvier 18 était de..		
Il a été perçu au titre de l'exercice.	Pour la masse des écoles, d'après les revues de liquidation.............	
	Pour les hautes payes spéciales acquises au sous-officier premier maître d'escrime (A)......... ...	
	Pour parfaire à leur ancien taux les primes et hautes payes acquises transitoirement au 1ᵉʳ maître, au caporal ou brigadier maître adjoint et aux prévôts, rengagés ou commissionnés (B) avant le 1ᵉʳ janvier 1888.....................	
	Pour recettes extraordinaires, rectifications et virements de fonds......	
Il a été encaissé au titre de l'exercice.	Pour quote-part du ᵉ régiment de dans l'entretien du matériel de gymnastique.....................	
	Pour quote-part du ᵉ régiment de dans l'entretien du matériel de tir..	
	TOTAL des recettes...........	

(A) Décompte des hautes payes acquises pendant l'exercice 18 , au sous-officier 1ᵉʳ maître d'escrime.

(B) Décompte des compléments de primes et de hautes payes acquis transitoirement dans l'exercice 18 , au 1ᵉʳ maître, au maître adjoint et aux prévôts, rengagés ou commissionnés avant le 1ᵉʳ janvier 1888.

DÉPENSES.

		OBSERVATIONS.
Montant du bordereau des dépenses faites pendant l'année.		
Dépenses des écoles proprement dites (1).	Pour l'entretien et le renouvellement du matériel d'enseignement....... Pour l'achat des fournitures nécessaires aux élèves des cours primaire et préparatoire................. Pour l'entretien de la presse autographique..................... Pour frais d'instruction des volontaires d'un an................... Pour l'achat des fournitures nécessaires à la salle de lecture............ Pour l'achat supplémentaire de théories. Pour l'achat des ouvrages dont l'autorisation a été donnée par une note ministérielle.................	(1) A l'exclusion de l'entretien des lampes, ainsi que de la fourniture du combustible et les mèches nécessaires à l'éclairage.
Montant du bordereau des dépenses faites pendant l'année.		(2) La fourniture et l'entretien des effets de gymnase est au compte de la masse d'habillement et d'entretien.
Dépenses des gymnases régimentaires (2).	Pour primes au moniteur général.... Pour gratifications au personnel enseignant..................... Pour l'entretien et le renouvellement du matériel mobile de gymnastique. Pour l'entretien du matériel fixe des gymnases.................... Pour quote-part payée au ° régiment de dans les frais d'entretien du matériel fixe, et d'achat et d'entretien du matériel mobile...............	
Montant du bordereau des dépenses faites pendant l'année.		
Dépenses des écoles régimentaires de tir.	Pour l'achat des ingrédients et menus objets nécessaires à l'entretien des cibles...................... Pour l'entretien et le renouvellement du matériel de tir mobile......... Pour l'achat des fausses cartouches de première mise et la confection des cartouches de tir réduit.......... Pour l'achat d'épinglettes prix de tir.. Pour l'achat des imprimés et des registres de tir................. Pour quote-part payée au ° régiment de dans les frais d'entretien du matériel de tir...............	
Montant du bordereau des dépenses faites pendant l'année		
Dépenses des écoles de tambours, clairons et trompettes.	Pour les Écoles de tambours, clairons et trompettes...............	
À REPORTER..........		

DÉPENSES (*Suite*).

		OBSERVATIONS.
REPORT...		
Montant du bordereau des dépenses faites pendant l'année.		(1) A l'exclusion de toutes dépenses d'éclairage.
Dépenses pour l'enseignement des travaux de campagne, l'entretien du matériel d'instruction équestre, etc.	Pour l'enseignement des travaux de campagne.........................	
	Pour l'entretien du matériel et l'achat des bougies nécessaires au service des signaleurs...................	
	Pour l'entretien du matériel d'instruction équestre..................	
	Pour l'entretien des pistes cava-lières.............................	
	Pour les exercices de destruction par la dynamite......................	
	Pour l'entretien d'une carrière sablée.	
Montant du bordereau des dépenses faites pendant l'année.		
Dépenses d'enseignement de l'escrime et de la boxe (1).	Pour le payement de hautes payes spéciales acquises au sous-officier 1er maître d'escrime.................	
	Pour le payement des primes acquises au personnel enseignant de l'escrime.......................	
	Pour compléments transitoires de hautes payes et de primes au personnel rengagé ou commissionné avant le 1er janvier 1888..........	
	Pour gratifications audit personnel...	
	Pour l'entretien et le renouvellement du matériel d'escrime et de boxe...	
TOTAL des dépenses faites pendant l'année.....		
Au 1er janvier de l'année, il y avait un excédent de dépenses de.................................		
TOTAL général des dépenses................		

RÉSULTATS.

La recette, y compris le restant libre au 1er janvier de l'année expirée, est de..

La dépense, y compris l'excédent de dépenses au 1er janvier de l'année expirée, est de................. ....•.

La masse des écoles a donc, au { de recettes de. ....
1er janvier 18 , un excédent { de dépenses de.................

Certifié par nous, Conseil d'administration, le présent état des recettes et dépenses de la masse des Ecoles, duquel il résulte que ce fonds a un excédent de
de la somme de

A , le 18 :

Vu et vérifié par nous, Sous-Intendant militaire,

A , le 18 ,

ANNEXE A LA MASSE DES ÉCOLES.

*Instruction ministérielle concernant le remplacement du maté-
riel fixe des gymnases régimentaires et du matériel fixe d'instruction équestre de la cavalerie, ainsi que les dépenses des
écoles de natation. (D. Contr.; Budgets et Comptes.)*

Paris, le 12 mai 1888.

I. — REMPLACEMENT DU MATÉRIEL FIXE DE GYMNASTIQUE OU D'INSTRUCTION ÉQUESTRE.

Art. 1er. Le corps de troupe auquel est affecté un gymnase régimentaire est chargé, en principe, d'assurer, lorsqu'il y a lieu, le
remplacement des machines fixes qui en font partie.

La composition du matériel fixe dont sont dotés les gymnases
régimentaires, ainsi que les devis qui doivent servir de base pour
la construction des différentes machines comprises dans ce matériel, sont donnés par la circulaire ministérielle du 27 juillet 1878.

Il n'est assigné aucune durée réglementaire au matériel fixe de
gymnastique. Quand son remplacement est reconnu nécessaire, on
l'opère dans les conditions indiquées à l'article suivant.

Art. 2. Le sous-intendant militaire chargé de la surveillance
administrative du corps est invité, par ce dernier, à constater, de
concert avec le chef du génie, la nature des remplacements à effectuer.

Le procès-verbal rapporté à cet effet mentionne l'avis motivé de
ces officiers sur la nécessité des remplacements, et est appuyé d'un
devis estimatif détaillé des travaux à exécuter, établi en double
expédition par le chef du génie.

Ces pièces sont adressées à l'intendant militaire directeur du
service de l'intendance du corps d'armée, qui les fait parvenir au
bureau ministériel compétent.

Art. 3. Sur le vu de ces documents, le Ministre décide, d'après
les crédits disponibles au budget des écoles régimentaires, si les
remplacements demandés seront exécutés, ou s'ils devront être
ajournés à un exercice ultérieur.

Il consigne sa décision au bas d'une des expéditions de l'état
estimatif mentionné à l'article 2 et renvoie cette expédition au
corps intéressé, par la voie de l'intendant militaire directeur du
service de l'intendance du corps d'armée.

Art. 4. Au reçu de ce document, le conseil d'administration provoque de la part du génie l'exécution des remplacements autorisés. Les factures relatives à ces travaux, vérifiées et arrêtées par le chef du génie, visées de plus par l'officier chargé des écoles régimentaires, sont présentées au conseil d'administration, qui les fait acquitter par le trésorier du corps, et sauf remboursement, dans les conditions indiquées à l'article 16 ci-après. Ces factures sont établies en double expédition.

La main-d'œuvre militaire est utilisée pour l'exécution des travaux de cette nature, chaque fois qu'il doit en résulter une économie pour l'Etat.

Sous aucun prétexte, l'exécution des remplacements demandés ne doit être entreprise avant la réception, par le corps, de l'autorisation ministérielle qui s'y rapporte.

Art. 5. La même marche est suivie dans le cas où il s'agirait de créer un gymnase nouveau en faveur d'un corps de troupe non encore doté d'un matériel de cette nature.

Art. 6. Ces dispositions s'appliquent également au remplacement du matériel fixe d'instruction équestre de la cavalerie, comprenant :

> Des barres parallèles ;
> Une barrière avec lisse ;
> Un fossé de saut avec lisse ;
> Une barrière mobile avec hausse ;
> Une barrière de terrain de manœuvres.

II. — Dépenses des écoles de natation.

Art. 7. La composition du matériel dont les écoles de natation doivent être pourvues est donnée par le Manuel de gymnastique.

Dans les dépenses de ces écoles ne sont pas compris, savoir :

1º L'entretien et le remplacement des chevalets de natation, assurés par la masse des écoles, le chevalet faisant partie du matériel mobile de gymnastique ;

2º L'achat et l'entretien des sangles avec cordes de suspension et des caleçons de bains, supportés par la masse d'habillement et d'entretien du corps intéressé (fonds commun).

Ces dépenses se réduisent, en conséquence, à celles qu'occasionne, le cas échéant, le service des bains froids. Elles sont assurées ainsi qu'il est dit aux articles ci-après.

Art. 8. Lorsque, dans une place, il est possible d'organiser pour les troupes un service de bains froids, les dépenses occasionnées par ce service sont payées par un seul corps choisi dans l'arme la plus nombreuse de la garnison et désigné à cet effet par l'autorité militaire locale.

Ce corps est remboursé trimestriellement, sur le budget des

écoles régimentaires et dans la forme indiquée à l'article 16 ci-
après, de toutes les avances qu'il a faites.

Art. 9. Le corps désigné dans une place de garnison pour diriger
le service des bains froids reçoit, de celui qui était chargé de ce
service avant lui, le matériel spécial qui s'y rapporte et devient
responsable de son entretien ainsi que de son remplacement s'il y
a lieu.

L'officier chargé de l'école de natation tient pour ce matériel
un carnet d'entrées et de sorties du modèle indiqué au décret du
14 janvier 1889 (registre de comptabilité).

Les objets sont inscrits, dans l'ordre de la nomenclature des
écoles (Q VII), sur ce carnet qui est balancé trimestriellement et
adressé à l'officier d'habillement pour servir à la justification des
opérations inscrites au registre des entrées et sorties du matériel
dont le corps est comptable. C'est envoi n'est point fait dans les
trimestres pendant lesquels il n'y a pas eu de mouvements dans le
matériel des bains froids.

Art. 10. Il n'est pas assigné de durée réglementaire au matériel
qui sert à l'exécution du service des bains froids.

Quand des objets de cette nature ne semblent pas susceptibles
d'être maintenus en service, le sous-intendant militaire chargé de
la surveillance administrative du corps constate, sur la demande
de ce dernier, la nature des remplacements à effectuer.

Le procès-verbal rapporté à cet effet contient l'avis motivé de ce
fonctionnaire sur la nécessité des remplacements et fait connaître
le prix des objets neufs à acheter.

Une expédition de cet acte est mise à l'appui de l'état de prévisions prévu à l'article 11 ci-après.

En cas de création d'une installation nouvelle, ou bien quand la
réinstallation du ponton existant doit occasionner une dépense im-
portante, il est établi de même un procès-verbal pour constater la
nature des travaux à exécuter. Le chef du génie intervient, dans ce
cas, avec le sous-intendant militaire dans la rédaction du procès-
verbal pour établir un état estimatif détaillé de la dépense, lequel est
mis, avec une expédition dudit acte, à l'appui de l'état de prévision.

Art. 11. Chaque année, dans le courant du mois de novembre,
le corps désigné dans une garnison pour assurer le service des
bains froids établit, en double expédition, un état de prévision des
dépenses à faire pour cet objet pendant le courant de l'année suivante.

Cet état est conforme au modèle annexé à la présente instruction.

Quand le service doit être dirigé par un détachement, l'état de
prévision établi par les soins de ce dernier est adressé à la portion
centrale dont il relève. Celle-ci demeure chargée de donner à ce
document les suites prévues à l'article 13 et de poursuivre ulté-
rieurement le remboursement des avances faites.

Cet envoi est effectué le 25 novembre au plus tard.

Art. 12. On indique dans la colonne d'observations le nombre des unités secondaires de chacun des corps prenant part aux bains froids.

On rappelle, sous la rubrique (*a*), la date des locations en cours s'il en existe, et, dans le cas contraire, on met à l'appui de l'état de prévision une expédition des nouvelles locations préparées.

Les prévisions des rubriques (*b*) et (*c*) sont appuyées, le cas échéant, des pièces prévues à l'article 10 ci-dessus.

Les dépenses prévues pour l'entretien courant sont groupées, autant que possible, par nature, et l'on tient compte pour leur évaluation, en ce qui concerne la nacelle de sauvetage, des indications de la note ministérielle du 7 juin 1874.

On apporte le plus grand soin à l'évaluation des prévisions de dépenses afin d'éviter aussi bien les insuffisances graves que les demandes de crédits exagérées.

Art. 13. Les états de prévision ainsi établis sont adressés, le 1er décembre au plus tard, à l'intendant militaire directeur du service de l'intendance du corps d'armée.

Celui-ci récapitule dans des bordereaux distincts les documents de cette nature afférents à chacune des directions intéressées (*Infanterie, Cavalerie, Artillerie, Génie*), et les fait parvenir sans retard au bureau ministériel compétent.

Art. 14. Au reçu de ces documents, il s'établit d'abord un concert entre les directions intéressées, en vue d'opérer, le cas échéant, de l'une à l'autre, dans les prévisions du budget des écoles régimentaires, les virements qu'auraient pu rendre nécessaires les changements survenus, depuis l'établissement du budget, dans la désignation des corps de troupe chargés du service des bains froids.

Le Ministre arrête ensuite, sur le vu des états de prévision et d'après la situation des crédits disponibles, la somme à allouer, pour le service des bains froids, à chacun des corps intéressés.

Il revêt de son approbation une des expéditions de l'état de prévision et la renvoie à la portion centrale du corps intéressé par la voie de l'intendant militaire directeur du service de l'intendance du corps d'armée.

Les états de prévision approuvés, qui concernent les détachements, leur sont adressés par les soins de la portion centrale.

Les crédits ainsi ouverts constituent pour le corps une dotation qui, en principe, ne doit être dépassée sous aucun prétexte.

Art. 15. Chacun des corps intéressés engage, en temps opportun, les dépenses qu'il est autorisé à faire.

Ces dépenses sont payées aux fournisseurs sur les fonds généraux de la caisse. Elles donnent lieu, suivant les cas, à la production de factures ou de quittances établies en double expédition, conformes aux règles habituelles de la comptabilité en deniers du

Ministère de la guerre et visées par l'officier chargé de l'école de natation.

Lorsque l'importance des travaux d'installation ou de réinstallation du matériel a entraîné l'intervention du génie, la facture relative à ces travaux doit, en outre, être vérifiée et arrêtée par l'officier du génie qui a surveillé l'exécution.

Art. 16. A l'expiration de chaque trimestre, le corps qui a dirigé un service de bains froids établit en double expédition un relevé détaillé des dépenses qu'il a faites pour ce service pendant le trimestre expiré (1).

Il n'est pas produit d'état négatif lorsqu'il n'a pas été fait de dépenses.

Ce relevé est adressé, dans le courant du mois qui suit le trimestre auquel se rapportent les dépenses, au sous-intendant militaire chargé de la surveillance administrative du corps. Il est appuyé des pièces prévues à l'article 15.

Art. 17. Le sous-intendant, après avoir vérifié le compte ainsi produit et l'avoir inscrit à son registre de dépôt des titres de créance, délivre au corps intéressé un mandat pour le couvrir des prélèvements qu'il a opérés sur les fonds généraux de sa caisse pendant le trimestre précédent.

Il transmet ensuite la deuxième expédition des relevés dont il a ordonnancé le montant, appuyée des pièces justificatives, à l'intendant militaire directeur du service de l'intendance du corps d'armée.

Art. 18. Ce dernier fait parvenir les pièces dont il s'agit au bureau ministériel qu'elles concernent, et, au plus tard, à la fin du deuxième mois qui suit le trimestre auquel se rapportent les dépenses.

Ce délai peut être étendu, en cas de nécessité, jusqu'au 30 juin de l'année suivante pour les dépenses du 4e trimestre.

Art. 19. Les intendants militaires directeurs des corps d'armée, tenus au courant des besoins à satisfaire par les états estimatifs ou les états de prévision approuvés qui leur passent sous les yeux, en exécution des articles 3 et 14 de la présente instruction, demandent, en temps opportun, aux bureaux ministériels compétents, les crédits qui leur sont nécessaires pour faire opérer les remboursements prévus par les articles 4 et 8.

Art. 20. La présente instruction abroge toutes les dispositions antérieures contraires aux prescriptions ci-dessus.

Paris, le 12 mai 1888.

Le Ministre de la guerre,

Signé : C. DE FREYCINET.

---

(1) Modèle n° 1 annexé au décret du 14 janvier 1889.

⁰ CORPS D'ARMÉE.

PLACE

d

SERVICE DES ÉCOLES RÉGIMENTAIRES

Désignation
du
corps. }

ÉTAT de prévision des dépenses à effectuer au titre de la natation pendant l'exercice 18 .

(Chapitre   , Article   , ᵉ Partie.)

	MONTANT des DÉPENSES réellement faites en 18 (payées ou à payer).	DÉPENSES PRÉVUES pour 18 .	OBSERVATIONS.
a) Locations diverses (emplacement, matériel)			Emplacement de l'ecole (ou des écoles) de natation.
b) Frais de { construction de matériel nouveau............. réinstallation de matériel.			
c) Achats d'accessoires divers (cordages, perches, bouées de sauvetage).......			Composition des troupes de la garnison.
d) Dépenses d'entretien courant.......			
Total.........			

A   , le   18 .

Le Conseil d'administration,

Vu :
Le Sous-Intendant militaire,

Arrêté à la somme de
l'état des dépenses qui pourront être acquittées par
le   pour le service de la natation
pendant l'exercice 18 .

Paris, le   18 .

Le Ministre de la guerre,